pit vogt
gedichte

Der Herr ist mein Hirte

Idee, Design & Layout: Pit Vogt

Alle Texte sind frei erfunden

<u>*Impressum*</u>

Herstellung und Verlag:
BoD - Books on Demand, Norderstedt
ISBN: 9783755715603

Mein Hirte

Wenn die Stürme auf dich schlagen
Wenn der Donner dich erschrickt
Werd ich Dich zum Himmel tragen
Ach, Du hast so viele Fragen
Und Du weißt nicht, ob es glückt

Wenn Du ganz allein im Leben
Wenn Dir niemand helfen will
Werd ich Kraft Dir wieder geben
Glaub, dann wirst Du besser leben
Denn Dein Leben steht nie still

Wenn die Trauer Dich zerrüttet
Wenn durch Tränen Du nichts siehst
Wenn die Hoffnung fast verschüttet
Wenn ein Beben in Dir wütet
Wenn am Boden Du schon kniest

Dann schau auf zum weiten Himmel
Schau zu mir
Zu Deinem Herrn
Und auf einem prächtgem Schimmel
Zieh ich übern blauen Himmel
Bis ins All zu Deinem Stern

Niemals wirst allein Du bleiben
Und die Trauer weicht von Dir
Neu Dein Leben
Neue Zeiten
Auf dem Schimmel wirst Du reiten
Ich bin da
Ich warte hier

Deine Mama lässt Dich grüßen
Sie will, dass Du lachen kannst
Komm mein Sohn
Du brauchst nicht büßen
Nutz die Zeit
Den Tag, den süßen
Weil den Glaube Du jetzt fandst

Friedensballade

Und als der Hass noch größer wurde,
Da zog man wieder in den Krieg
Rot färbte sich die Erd vom Blute
Doch nie erreichte man den Sieg

Und auf dem Schlachtfeld, Aug in Auge,
Dort wollte man den letzten Schlag
Es waren Menschen, so vertraute
Es schien der letzte Lebenstag

Und als man schrie:
„Auf, auf, zum Kampfe",
War dort und da man wie erstarrt
Ein Schrei, erstickt im Todeskampfe,
Weil keiner es zu glauben wagt

Wo sonst erbleicht die toten Körper,
Da stand ein Kind so lieb und zart
Ein Mensch, so klein, ein unversehrter,
Zwischen den Lanzen, spitz und hart

Wenn jetzt, oh Gott, ein Schuss ertönte
Warum, du Kind, stehst du im Weg
Doch still bliebs nur und keiner stöhnte
Das Kind sang leis ein Weihnachtslied

Da sanken nieder die Gewehre
Das Kind, es sang so lieblich fein
Und leis, ganz leis, durchs ganze Heere,
Erhob sich jenes Liedelein

Wo blieb der Hass, wo all das Böse
Das Schlachtfeld war kein Schlachtfeld mehr
Ein Liedchen, ach, kein Kriegsgetöse
Wo kam nur all der Frieden her

Schon bald lag man sich in den Armen
Es flossen Tränen ohne Zahl
All die, die her zum Sterben kamen,
Die ließen ab von aller Qual

Und als die Feinde Freunde wurden,
Da ward das Kind nicht mehr zu sehn
Man hat gesucht es Stund um Stunden
Nur blieb dies Weihnachtslied bestehn

Es zog hinauf bis in den Himmel
Bis weit in die Unendlichkeit
Und lautlos ritt auf prächtgem Schimmel
Ein Kind fern in die Dunkelheit

Und als es Heiligabend tönte
Vom Kirchturm in der Heimatstadt,
Da kehrten heim die vielen Söhne
Die Mütter warn vom Schmerz so matt

Hört drum auf alle Erdenkinder
Denn hier, nur hier lebt unsre Welt
Schon einmal war so kalt der Winter
War jene Menschheit fast zerschellt

Jetzt ist die Zeit der Friedenslieder
Die Kinder kennen jenen Text
Wie auch die Alten, heut und wieder,
Ist man so tief und schwer verletzt

Ein letzter Krieg
Ade ihr Menschen
Habt Ihr vergessen viel zu schnell
Ihr wolltet doch fürs Leben kämpfen
So viel verblüht, wenn´s nicht mehr hell

Nun ist der Tages-Tag gekommen
Wo geht es lang
Bleibt uns die Angst
Der Frieden wird sich immer lohnen,
Weil du als Mensch von Gott abstammst

Gott wird uns auch den Krieg vergeben
Vor ihm sind Freund und Feinde gleich
Er ist der Tod,
Er ist das Leben
Als Bettler arm,
Als Herrscher reich

Doch, wenn wir -ihn- erkennen wollen,
In fernster Zeit,
Unendlichkeit,
So müssen wir die Kinder holen
Ein Kinderlachen gegen Leid

Es geht nicht nur um Krieg und Frieden
Es geht nicht nur um diese Welt
Wir müssen lernen, neu zu lieben
Weil Liebe nur den Mensch erhält

So lernt auf Ewig all die Lieder
So lobt der Weihnacht heilges Licht
Und wo man Krieg will,
Jetzt und wieder,
Hat jedes Kinderlied Gewicht

Eine Weihnachtsgeschichte

Ein Weihnachtsabend gegen Drei
Das junge Paar sitzt unterm Baum
Ein kleines Kind ist auch dabei
Es ist an Weihnacht gegen Drei
Was für ein schöner Weihnachtstraum

Gleich gibt's Geschenke reichlich, satt
Das Kind, gespannt, ist voll von Glück
Der Weihnachtsmann kommt in die Stadt
Und bringt Geschenke, reichlich, satt
Und Papa kennt den Weihnachtstrick

Er geht hinaus und lächelt leis
Und sagt noch schnell: *„Gleich ist's soweit"*
Die Spannung steigt, dem Kind wird's heiß
Der Papa lächelt nur ganz leis
Und so vergeht die Stund, die Zeit

Die Mutter nimmt das Kind zu sich
Und streichelt sacht ihm übers Haar
„Wo bleibt der Papa", fragt sie sich
Und nimmt das Kind ganz sacht zu sich
Der Weihnachtsmann ist noch nicht da

Der Abend geht, längst schläft das Kind
Es hat nach Papa kurz gefragt
Vorm Hause streicht ein eisig' Wind
Die Mutter bracht ins Bett das Kind
Und hofft am Fenster voller Klag

Wo bleibt der Papa, wo der Mann
Warum in dieser Weihnachtsnacht
Lang schaut im Spiegel sie sich an
Wo bleibt nur unser Weihnachtsmann
Hat der sich aus dem Staub gemacht

Am nächsten Morgen klingelts früh
Zwei Polizisten stehn vorm Haus
Sie stelln sich vor und fragen sie
Für manche Nachricht ist's zu früh
So sieht kein Weihnachtsmorgen aus

Man fand den Wagen irgendwo,
Zerschellt an einer Häuserwand
Da war das Glatteis, einfach so,
In einer Straße, irgendwo
Den Toten man erst morgens fand

Die Polizisten gehen schnell
Nach Haus, wo Weihnachtsmusik singt
An jenem Morgen wird's nicht hell
Und mancher Tod kommt eben schnell
Manch' Papa nie Geschenke bringt

Das Kind erwacht so gegen Zehn
Und fragt nach seinem Papa bald
Die Mutter bleibt im Zimmer stehn
Es ist an Weihnacht, früh um Zehn
Und in der Wohnung ist's so kalt

Sie nimmt das Kind in ihren Arm
Und drückt es fest ans Mutterherz
„Wolln wir zum Weihnachtsmann jetzt fahrn"
Sie hält das Kind ganz fest im Arm
Und schluckt hinunter ihren Schmerz

Und alle Fragen bleiben fort
Es gibt auch keine Fragen mehr
Wo gestern noch ein schöner Ort,
Bleibt aller Weihnachtszauber fort
Der Weihnachtsmann kommt nimmer mehr

Sie steigt ins Auto mit dem Kind
„Komm lass nach Papa uns jetzt schaun"
Es weht nur eisig kalt ein Wind
Sie fährt davon mit ihrem Kind
Auch draußen steht manch´ Weihnachtsbaum

Man sieht sie rasen übers Land
Es fällt der Schnee so weiß und dicht
Sie nimmt das Kind fest an die Hand
Es ist doch Weihnachten im Land
Die nächste Kurve sieht sie nicht

Dann ward es still – *kein Schnee, kein Wind*
Nur einsam steht ein Weihnachtsbaum
Sie stieg ins Auto mit dem Kind
Und wollt zum Weihnachtsmann geschwind
Nur einmal noch den Weihnachtstraum

Und irgendwo zur Weihnachtszeit,
Da wartet manches Kind verzückt
Auf Papa mit dem Weihnachtskleid
Am Himmel hoch zur Weihnachtszeit
Da sind drei Sterne voll von Glück

Vogel

Es ist ein Vogel einst geflogen
Der Vogel brachte Glück und Licht
Ach, deshalb bin ich losgezogen
Doch fand ich diesen Vogel nicht

Wo mag der Vogel denn bloß leben
Ich möcht ihn wirklich endlich sehn
Der Vogel könnt mir Freude geben
Und fliegen könnt' ich
Wunderschön

Da kam ich an im fernen Lande
Ich sah den Vogel
Er war tot
Mein Traum zerrann im heißen Sande
Und ich litt wieder arge Not

Vor Jahren ist das Tier gestorben
Hab an den Vogel oft gedacht
Ich sehnt' nach ihm mich jeden Morgen
Dass er mich führt aus tiefster Nacht

Wohl sollt ich ohne Vogel leben
Denn ich bin selbst mein eigner Herr
Ich kann nicht fliegen
Doch verstehen
Ich brauche keinen Vogel mehr

Leuchtturm

Irgendwo in ferner Zeit
blinkt ein Leuchtturm in die Welt
Steht so einsam und befreit
Steht so fern von aller Zeit
Und sein altes Mauerwerk, es hält!

Hab ihn eines Tags entdeckt
Dort am Ufer, dort am Strand
Fand ihn kaum, weil er versteckt
Hab ihn irgendwann entdeckt
Und ich lief durch weißen Sand

Stand vor ihm und sah sein Licht
Und das Meer rauschte im Wind
Plötzlich sah ich mein Gesicht
Dort im hellen Leuchtturmlicht
Vor mir stand ein frohes Kind

Ja, es lachte und es sang
von dem Leben und vom Glück
Sah das Kind minutenlang
Hörte, wie es fröhlich sang
Und ich sang dies Liedchen mit

Und auf einmal ward mir klar,
dass ich doch noch lachen kann
Hier, wo nie ein Mensch je war,
wurde mir so manches klar
Täglich fängt dies Leben an!

Wenn sich etwas ändern muss,
geht es nur, wenn ich es tu!
Denn es ist noch lang nicht Schluss,
weil ich's selbst jetzt ändern muss!
Denn das Leben gibt nie Ruh

Irgendwo in ferner Zeit
blinkt ein Leuchtturm hell und gut
Steht so einsam und befreit
Jenseits aller Lebenszeit
Gibt mir neuen Lebensmut

Besuch

Der Regen rieselt durch die Äste
Wart auf dem Friedhof ganz allein
Gedanken um des Lebens Reste
Stelln kühl in meinem Kopf sich ein

Hier ist's so ruhig, endlose Stille
Nur Regen fällt auf manches Grab
So endgültig
Ein letzter Wille
Hier, wo man nichts zu sagen wagt

Da giert und jagt man durch die Zeiten
Da jammert man und will noch mehr
Und spürt nicht, wie die Jahr' enteilen
Wie alt man wird und schwach und leer

Die Jugend ist nicht festzuhalten
Der Reichtum nicht und nicht das Gut
Nichts ist auf Ewig aufzuhalten,
Weil irgendwann erstarrt das Blut

So will ich Einhalt mir gebieten
Denn viel zu schnell komm ich hierher
Sollt wieder neu mein Leben lieben
Sollt Lieder singen
Und noch mehr

Der Regen rieselt durchs Geäste
Und dunkel wird's im Friedhofshain
Was tu ich mit des Lebens Reste
Schlag hoch den Kragen und geh heim

Alte Frau

Sie denkt sehr selten nur an Morgen
Die alte Frau ist ohne Sorgen
Sitzt auf der Bank, vorm Haus
Im Tal
Und es ist Frühling
Wieder mal

Im Sommer ziehts die Frau zum Garten
Sie will jetzt nicht mehr länger warten
Die Rosen und die Nelken blühn
Sie will nochmal im Tanz sich drehn

Der Herbst zieht ein, die Blätter fallen
Auch Vogelstimmen kaum noch hallen
Die alte Frau ruht sich nun aus
Und Nebel ziehen um ihr Haus

Die alte Frau ist alt geworden
Und jenes Jahr scheint fast gestorben
Der Winter längst am Fenster leckt
Die Bank vorm Haus
Von Schnee bedeckt

Träne

So manche Träne sieht man nicht
Sie wird geweint nur – irgendwo
Sie ist nicht groß, hat kein Gewicht
Man sieht so manche Träne nicht
Doch kommt sie oft, ganz einfach so

Sie zeigt in unsrer starken Welt,
dass man auch schwach ist, klein und dumm
Und wenn sie uns vom Auge fällt,
dann sehn wir anders diese Welt
Sie sagt so viel und bleibt doch stumm

Sie bleibt bei uns ein Leben lang
Sie kennt das Glück und auch das Leid
Egal, ob kerngesund, ob krank,
Sie ist stets da, ein Leben lang
Manch Seele wird durch sie befreit

Nein, ohne Tränen geht es nicht
Sie ist so wichtig, gut und klar
Sie gibt uns erst ein Angesicht
So manche Träne sieht man nicht,
denn sie ist klein und unscheinbar

Letzter Sommer

Es war ihr letzter Sommer
Der Wind verwehte sanft ihr Haar
Der Himmel schien so endlos klar
Am Strand verlor sich bald ihr Schritt
Die Flut kam schnell und nahm sie mit
Es war ihr letzter Sommer
So schön, wie keiner war

Es war ihr letzter Sommer
Sie war so jung, sagt man, und klug
Ihr Lächeln, einst mir schon genug,
rein und sanft und tränenschwer
Doch blieb ihr Blick so starr und leer
Es war ihr letzter Sommer
Als hoch die Brandung schlug

Es war ihr letzter Sommer
Ihr Haus stand auf den Klippen hoch
Woher sie kam – sie schriebs mir noch
Wohin sie ging und was sie sucht´
Bleibt unbekannt
Bleibt ohne Sinn
Es war ihr letzter Sommer
Ich lieb sie immer noch

Der Fremde

Als ich ihn sah
So grau sein Haar
Schien er mir nah
Auch ohne Wort
Genau wie er auch ich mal war
Mit feinem Hemd an gutem Ort

Er ging im Anzug
Sehr korrekt
Auch ich hab teuren Zwirn im Schrank
Manch´ Ängste jetzt in mir versteckt
Mal fühl ich mich recht schwach
Und krank

Hab mich im Dunkel oft gesehnt
Nach Ruhm, Erfolg und Glück
Und Sinn
Was heute keiner mehr versteht:
Ich sehnte mich sehr gern dorthin

Er ging vorbei mit Stolz im Blick
Vielleicht war er ein Gotteskind
Doch er entschwand bald
Stück um Stück
Im Menschenmeer
Wo jeder blind

Als ich ihn sah
Sah ich auch mich
Ein Spiegelbild
So ohnmächtig
Im Spiel des Lebens lediglich
Blieb drüben er
Und jenseits ich

Einst träumte mir vom schönen Land
Vom Prinzenpaar
Von Geld und Gut
Hab damals nichts von mir erkannt
Zu heiß verging mein krankes Blut

Der Fremde kennt mich nimmermehr
Ein Wind verweht den Straßenstaub
Vielleicht ist alles gar nicht schwer
Ein Fremder schien mir sehr vertraut

Der alte Baum

Vorm Hause steht ein alter Baum
So weis' ist er, man glaubt es kaum
Zeigt lang schon keine Früchte mehr
Tief in ihm drin ists hohl, nicht leer

Vor hundert Jahren war hier Feld
Und wenig Menschen trug die Welt
Da hat man ihn froh eingepflanzt
So manche Nacht um ihn getanzt

Er wurde groß und größer nun
Entwuchs den engen Kinderschuhn
Und Wind und Regen peitschten ihn
Als Nistplatz prächtig, wunderschön

Die Zeit verging, Krieg zog ins Land
Im Bombenhagel fast verbrannt
Fürwahr, es brach manch starker Ast
Erhängte sind 'ne schwere Last

In jener toten Dunkelheit
vom Rauch erfüllt, fast schon entzweit,
gab er die Hoffnung niemals auf
Blieb standhaft er, und nahms in Kauf

Da brachen neue Zeiten an
Und frischer Wind fegte ins Land
Man gab ihm Wasser und auch Halt
Und pflanzte einen neuen Wald

Jetzt ist er alt, spürt in sich Ruh
Im Winter deckt nur Schnee ihn zu
Wie schön, dass Frieden endlich ist
Und täglich ihn die Sonne grüßt

Vorm Hause wacht ein alter Baum
So weis´ ist er, man glaubt es kaum
Zeigt lang schon keine Früchte mehr
Ich mag ihn gern
Ich brauch ihn sehr

Gotteskind

Sonne über meinen Träumen
Überall des Meeres Blau
Liebe unter Mandelbäumen
Mittendrin in besten Träumen
Nirgendwo ists trüb und grau

Doch die Ruhe trügt behände
Dunkle Wolken ziehen auf
Irgendwas lähmt mir die Hände
All die Schönheit trügt behände
Es beginnt ein Hürdenlauf

Mir wird's heiß und kalt und bange
Schweiß perlt krank mir von der Stirn
Bin im Würgegriff der Schlange
Die umschlingt mich ziemlich lange
Und ein Blitz zuckt durch mein Hirn

Jener Blizzard wird noch kälter
Friert mich in der Hölle ein
Werd sekündlich immer älter
Unterm Eis erstickt die Wälder
Nein, ich will kein Opfer sein!

Da, der Teufel fährt hernieder
Trifft mich in mein Herze tief
Schwefeldampf statt Duft von Flieder
Todesschreie immer wieder
Was ging da im Leben schief

Fall hinein ins Bodenlose
Liebe Hoffnung – halt mich fest
Ohne Hemd und ohne Hose
Fall ich flugs ins Bodenlose
Bis der Mut mich fast verlässt

Mit den allerletzten Kräften
Bete ich zu Jesus auf
Und alsbald in neuen Säften
Komm ich wieder neu zu Kräften
Zieh mich langsam hoch hinauf

Bis ans Licht ich wieder strebe
Bis ich spür den frischen Wind
Bis ich wieder richtig lebe
Weil ich nach den Träumen strebe
Denn ich bin ein Gotteskind

Eine Mutter

Die Arbeit war so hart, so schwer
Und die Familie wollte Zeit
Sie jagte hin, sie jagte her
Das Leben war entsetzlich schwer
Ihr schmerzte arg der Kopf, der Leib

Fürs Kind ein schönes Handy, neu
Der Mann verlangte auch sein Recht
Die Lebenszeit ging schnell vorbei
Und manches Handy blieb nicht neu
Am Abend fühlte sie sich schlecht

Sie funktionierte irgendwie
Und träumte sich in manchen Traum
Da war die ferne Melodie
Die war so schön, ja, irgendwie
Und draußen rauschte leis ein Baum

Doch dann am nächsten Morgen, ach
Da ging die Hatz von vorne los
Sie schuftete für Kind und Dach
Und wollte mit dem Mann kein′ Krach
Und fragte nie: *„Was mach ich bloß"*

Dann, eines Tages gegen Zehn
Ging es ihr schlecht, wie nie vorher
Da war ein Klopfen in ihr drin
Es war am Morgen gegen Zehn
Wo kam nur diese Schwäche her

Sie schwankte hin, sie schwankte her
Es ward ihr übel,
Sie sank hin
Ein Schmerz im Kopf, es brannte sehr
Sie fiel so leicht und gar nicht schwer
War *das* vielleicht ihr Lebenssinn

27

All die Gedanken flogen fort
Sie dachte an den Mann, das Kind
Mit Blaulicht und besorgtem Wort
Da brachte man sie endlich fort
Dorthin, wo alle Kranken sind

In einem weißen Zimmer dann
Erwachte sie und träumte nicht
Sie dachte an das Kind den Mann
In jenem weißen Zimmer dann
In jenem weißen kalten Licht

Ja, da begriff sie Stück für Stück
Dass ihre Hatz nichts bringen konnt
Sie lebte zwar, doch ohne Glück
Und das begriff sie Stück für Stück
Nie hatte sie sich je geschont

Da liefen Tränen ohne Zahl
Und aller Stress entlud sich arg
Vorbei die schlimme Seelenqual
Es flossen Tränen ohne Zahl
Man ist nicht immer groß und stark

Und der Professor setzte sich
Leis an ihr Bett, nahm ihre Hand
Dann sprach er nur: *„Ganz sicherlich
Geht's nicht so weiter, hoffentlich.
Denn Ihre Seele ist verbrannt"*

Sie wusste das und schwieg
Und schwieg
Die Ängste waren noch zu groß
Das Kind, der Mann,
Die waren lieb
Und sie lag hier und schwieg
Und schwieg
Und dachte nur: *„Was mach ich bloß"*

Zwölf Wochen fort, im Krankenhaus
Die Kräfte kehrten bald zurück
Dann, irgendwann ging es nach Haus
Im Blickwinkel das Krankenhaus
Und der Professor wünschte Glück

Sie kündigte den alten Job
Und fand ihr Leben wieder neu
Sie fand den Weg, und sie fand Gott
Fort mit dem Stress, dem alten Job
Mit Kind und Mann im frischen Heu

So manche Arbeit wiegt so schwer
Blind rennt manch Mensch durch seine Zeit
Doch alle Hatz nach noch viel mehr
Die bringt das Glück nicht hin, nicht her
Und Leere ist's, die übrig bleibt

Späte Heimkehr

Es steht ein Haus am Waldesrande
Und es fällt Schnee so weiß und sacht
Gar friedlich liegt dies deutsche Lande
Gar friedlich ist der Tag, die Nacht

Ihr Name ist Frau Martha Krause
Ihr Mann, der Kurt, zog in den Krieg
Nie kam er von der Front nach Hause
Und Martha hofft lang auf den Sieg

So viele Jahre sind vergangen
Der Krieg, das Sterben – alles aus
Sie hat mit Kurt sich gut verstanden
Vor vielen Jahrn in diesem Haus

Sie steht am Fenster, schaut zum Walde
Ob Kurt den Weg zum Haus noch find
Er wird wohl kommen, ziemlich balde
Und in den Bäumen spielt der Wind

Der Schnee türmt auf sich um das Häuschen
Und Martha wird es ziemlich flau
Vorm Ofen piepst ein kleines Mäuschen
Und draußen wird es kalt und grau

Da stapft durchs wüste Schneegestöber
Ein junger Mann bis vor das Haus
In Uniform und Stiefelleder
Schaut er wie ein Soldat wohl aus

Er starrt zum Fenster und zu Martha
Die schiebt leis die Gardine fort
Sie hat wohl Tränen unterm Haar da
Und beide sprechen nicht ein Wort

Sie nimmt die Feldpostbriefe an sich
Die von der Front ihr Kurt einst schrieb
Und fühlt sich leicht und gar nicht grantig
Und hat den Kurt noch immer lieb

Sie geht hinaus zu jenem Manne
Der küsst sie sacht auf ihre Stirn
Der Schneesturm tobt durchs deutsche Lande
Und kann doch gar nichts mehr zerstörn

Die beiden stapfen bis zum Walde
Und Schnee hüllt sie wien Schleier ein
Kurt war gekommen
Ziemlich balde
Und beide wollen endlich heim

Es wacht ein Haus am Waldesrande
Und es fällt Schnee so weich und sacht
Und friedlich ists im deutschen Lande
Und Martha hat sich aufgemacht

Die Herde

Und die Herde, die zieht weiter
Starker Sturm verweht die Spur
Dieser Winter ist nicht heiter
Und die Herde zieht schon weiter
Schreie halln durch Wald und Flur

Manches Kälbchen friert, ist müde
Bleibt vielleicht schon bald zurück
Es ist kalt und es ist trübe
Doch die Herde wird nicht müde
Kämpft voran sich Stück um Stück

Wölfe harren da am Rande
Haben Hunger immerfort
Doch der Herde wird's nicht bange
Sieht die Wölfe da am Rande
Und zieht immer weiter fort

Doch der Sturm wird immer stärker
Schon bleibt manches Kalb zurück
Auch die Wölfe machen Ärger
Und der Schneesturm wird noch stärker
Bis zum See ists noch ein Stück

Nein, die Wölfe wolln nicht jagen
Nehmen schwache Kälbchen sich
Es ist hart in diesen Tagen
Sehr viel Kraft fehlt da zum Jagen
Winterzeit ist fürchterlich

Doch die Herde zieht schon weiter
Nichts hält sie an einem Ort
Ausgemergelt ihre Leiber
Und die Tiere ziehen weiter
Und sind längst schon wieder fort

Durch den Sturm und durch die Lande
Führt ihr Weg von See zu See
Mancher Wolf wacht da am Rande
Tod, Verderben auch im Sande
Und manch Spur verwischt im Schnee

Beim Engel

Sturmbewegt sind meine Flügel
Aufwärts zieht mich manch ein Sog
Nehm das Leben an die Zügel
Und empfang des Engels Lob

Hoch da droben scheint mirs heller
Als dort unten auf der Erd
Ach, auch Schreie gellen greller
Meine Seel
Noch unbeschwert

Doch dort oben ists kein Halten
Und ich sink durchs Wolkenmeer
Fall in die Naturgewalten,
Weil ich träge ward und schwer

Ferner Engel, hol zurück mich!
Lass mich nicht vergessen sein!
Ich bin gut und auch manierlich!
Und ich möcht bei dir wohl sein!

Lange wart ich auf die Antwort
Aber die kommt nimmermehr
Und ich fall behänd aufs Land dort
Gibt es mich schon bald nicht mehr

Doch dann breit ich meine Flügel,
Die schlaff hingen an mir dran,
Kraftvoll aus über dem Hügel,
Der mich nicht mehr bremsen kann

Wie ein Phönix aus der Asche
Kämpf ich mich zum Engel hin
Mit manch Hoffnung in der Tasche
Such ich wieder meinen Sinn

Und der Engel lächelt lieblich
Wusste wohl, ich kehr zurück
Ich bin stolz und bin manierlich
Bei dem Engel fand ich Glück

Ja, ich weiß nun aus Erfahrung,
Dass ich immer kämpfen muss
Denn umsonst gibt's keine Nahrung
Und auch keinen Engelskuss

Winter

Weiß ist alles
Feld und Wald
Überall scheint Frieden
Manchem Tier ists bitterkalt
Mancher Mensch fühlt sich recht alt
Nichts ist mehr geblieben

Alle Welt ward zugedeckt
Von der weißen Ruhe
Manches Reh hat sich versteckt
Bäume, Büsche
Zugedeckt
Warm die Winterschuhe

Nebel wabern durch das Tal
Märchenhafter Zauber
Durch den Schneesturm allemal
Werden Schritte fast zur Qual
Wird manch' Blick zum Schauder

Alles Leben scheint so weit
Starr klirren die Lüfte
Winter bringt ein End der Zeit
Und ich atme ganz befreit
All die Winterdüfte

Mutter und Sohn

Du sagst zu mir:
„Ich habe Angst
Angst vor dem Leben und dem Tod"
Dass Du so oft auch um mich bangst
Und das Du bist in großer Not

Die Welt da draußen ist so kalt
Das sagst Du mir und schaust so ernst
Du weißt nicht, ob Du wirst sehr alt
Und ob vom Glück Du Dich entfernst

So viele Menschen sind so starr
Sie gehen über Leichen auch
Du fühlst Dich oft schon wie ein Narr
Und spürst manch Schmerz in Kopf und Bauch

Ich schau Dich an und lächle leis
„Das Leben will gelebt wohl sein"
Das sag ich Dir, weil ich es weiß
Im Leben fließt nicht immer Wein

Und jeder Mensch hat Angst und Not
Das sag ich Dir und Du hörst zu
Doch bleibt die Ampel niemals rot
Nach jedem Chaos folgt auch Ruh

Du liegst bei mir und schweigst sehr lang
Ich weiß, dass Du's verstanden hast
Ganz leise sag ich:
„Sei nicht bang.
Du hast noch lange nichts verpasst"

Für meine Mama

Was für ein schöner Sommertag
Genau wie du ihn magst und liebst
Wie du so lachst an jenem Tag
An diesem hellen Sommertag
Weil du die beste Mama bist

Lass uns noch einmal träumen, ach
Lass uns noch mal spazieren gehn
Und denk nicht lange drüber nach
An jenem Tag, wo alles wach
Lass uns vom Fluss zum Ufer sehn

Die Stelle dort, bei jener Bank
Die unter dichten Bäumen lag
Weißt du das noch, hast du's erkannt
Wir warn so glücklich hier im Land
Wir sprachen viel, ganz ohne Klag

Und manchmal, wenn es regnen tat
Da haben wir gelacht, geweint
So manche Krankheit, manch ein Schlag
Das schweißte uns an manchem Tag
Zusammen
Hat uns fest vereint

Zu schnell verging die Zeit, manch Jahr
Doch ists egal
Es war doch schön
Es bleibt so gut, wies immer war
An jedem Tag
In jedem Jahr
Weil wir uns immer gut vestehn

Egal, was ich auch immer schrieb
Es war für dich, für Mama war's
Dort, wo manch Sternenschnuppe zieht,
Da sing ich dir das schönste Lied
Das klingt für dich bis hin zum Mars

Der Strauß Gladiolen ist für Dich
„Wonderful World"
Dein schönstes Lied
Erinnerung an Dich und mich
An Sommertage sicherlich
Ach Mama, Du
Ich hab dich lieb

Der Autist

Er war noch jung, ein Junge noch
Und doch so fremd von dieser Welt
Er schien recht glücklich, immer noch
Und lebte nicht im dunklen Loch
Und war so sanft
Verstand, was zählt

Oft sagte man: *„Der ist verrückt*
Der tickt nicht richtig irgendwo"
Manchmal schien er der Welt entrückt
Man sagte: *„Ach, der ist verrückt*
Der merkt doch nichts, wird niemals froh"

Doch seine Mutter liebte ihn
Auch, wenn er anders war und schwieg
Für sie war er der Lebenssinn
Vielleicht sogar der Hauptgewinn
Er hatte alle Menschen lieb

Denn wenn er lachte, fröhlich war,
Dann schien die Welt, das Glück perfekt
Dann schien fast alles sonnenklar
Und nichts blieb mehr so wie's sonst war
Er war doch klug und aufgeweckt

Jedoch verging die Zeit, die Zeit
Er hat gespürt, man wollt ihn nicht
Er wusste um der Mutter Leid
Da lief er fort, so weit, so weit
Ein sanftes Lächeln im Gesicht

Der Mutter hat er nichts gesagt
Er lief und lief bis an das Meer
Nie hatte er geflucht, geklagt
Und auch der Mutter nichts gesagt
Das Meeresrauschen, ach so schwer

Noch einmal schaute er sich um
Da war niemand am kahlen Strand
Er war ein Junge noch, so jung
Vielleicht verrückt, doch niemals dumm,
Als er vor Gott so einsam stand

Ganz plötzlich rief jemand nach ihm
Dort draußen auf dem weiten Meer
Wer war das nur
Wo lag der Sinn
Er lief ins Wasser einfach hin
Man sah ihn später nimmermehr

„Komm heim, komm heim, du liebes Kind.
Bei mir hier bist Du nie allein.
Dort, wo die Kinder Engel sind,
Wach ich bei Dir, mein liebes Kind.
Komm lass und jetzt zusammen sein"

Die Welt dort draußen war zu kalt
Er wollte nicht mehr draußen sein
Die Tür, die offen einen Spalt,
War plötzlich einfach zugeknallt
In seiner Welt blieb er allein

Er war so jung, ein Junge noch
Nur seine Spur blieb da im Sand
Und leise summt am Strand der Wind
Die Mutter weinte um ihr Kind,
Denn es ergriff wohl Gottes Hand

Zeit der Störche

Es war die Zeit der Störche, ach
Sie kehrten heim ins schöne Land
Zu jenem Haus mit rotem Dach
Am dichten Wald, am schmalen Bach
Ein Wind verwehte leis den Sand

Dort lebte sie mit ihrem Sohn
Mit sehr viel Hoffnung, und auch Kraft
Ein Kinderlachen reichte schon
Ihr Kind, für sie der beste Lohn
Ja, auch im Job hat sie geschafft

Die Trennung lag schon lang zurück
Ihr Ehemann zog fort, weit fort
Sie suchte nach dem großen Glück
Wohl kehrt manch Traum nie mehr zurück
An diesen einsam schönen Ort

Doch eines Tags in süßer Nacht
Da dachte sie sehr lange nach
Sie wollte, dass die Sonne lacht
Nicht immer stark sein, auch mal schwach
Sie lag bis Mitternachte wach

Sie zog die schönste Robe an
Fuhr in die Stadt zum Tanz im Schloss
Vielleicht gab's irgendwo ein Mann
Der einsam auch wie sie sodann
Der lebte nicht auf hohem Ross

Im Walzer drehte sie sich wild
Der Schampus schmeckte wirklich gut
Und Abendduft lag rosig mild
Auf ihrer Seele, ungekühlt
Ihr Herze schwamm in heißer Glut

Ein netter Herr im schwarzen Zwirn
Hofierte sie, umwarb sie lieb
Der Sekt benebelte ihr Hirn
Der Fremde schien sie zu verwirrn
Ein heißer Kuss zur Soulmusik

In diesem Augenblick entschwand
Die Einsamkeit, die Traurigkeit
Sie spürte seine starke Hand
Sie wär mit ihm davon gerannt
Sie spürte – endlich ist's so weit

Der Fremde buchte einen Flug
Für sich und sie, die neue Zeit
Nur fort, weit fort mit neuem Mut
Nie wieder Traurigkeit und Wut
Und endlich leben, so befreit

Doch da ertönt ihr Telefon
Durchbrach die Seligkeit, manch Kuss
Ein schwerer Unfall mit dem Sohn
Sie rasten durch ein Feld von Mohn
Mit Flug und Küssen schien nun Schluss

Er fuhr sie bis zum Krankenhaus
Wie schnell zerbrach doch aller Traum
Wie sah's mit ihrem Sohne aus
Wieso nur jetzt solch Angst, solch Graus
Verzeihen konnte sie sich's kaum

Als sie den Kleinen liegen sah
In seinem Bettchen, schwach und krank
Da wusste sie, was wichtig war
Ganz plötzlich wurde es ihr klar
Sie liebte Sohn und Heim und Land

Nie wollte sie woandershin
Es lief doch gut, so, wie es lief
Ihr Sohn – der echte Lebenssinn
Es war doch richtig und auch schön
Ganz leis sie seinen Namen rief

Der Fremde lächelte sie an
Und ging von ihr – zurück zur Nacht
Er war ein wirklich lieber Mann
Sie schaute ihm lang nach sodann
Und hat doch nicht mehr nachgedacht

Der Wind am offnen Fenster sang
Ein Lied von Trauer und von Glück
Sie hielt ganz fest vom Sohn die Hand
Und blieb im Haus, im Storchenland
Und hörte manchmal Soulmusik

Es war die Zeit der Störche, ach
Sie zogen fort ins ferne Land
Es blieb ein Haus mit rotem Dach
Am dichten Wald
Am schmalen Bach
Ein Wind verwehte leis den Sand

Die Tänzerin

Irgendwie verklärt vielleicht
Eine Träne noch im Aug
Ist berühmt sie
Ist sie reich
Manchmal traurig auch
Vielleicht
Es ist ihre beste Schau

Ach, es war 'ne schwere Zeit
Harte Arbeit, viel Verzicht
Heut ist sie vom Glück nicht weit
Nein, sie fühlt sich nicht befreit
Streng manch Züge im Gesicht

Viele Fragen wiegen schwer:
War es richtig
War's nicht gut
Ist sie heute wirklich wer
Ach, ihr Leben wiegt so schwer
So viel Tanz liegt ihr im Blut

Düster scheint die Bühne jetzt
Nur Musik erklingt ganz leis
Ja, sie tanzt so unverletzt
Leicht und schön und nicht gehetzt
Ihr *Tutu* ist strahlend weiß

Und sie tanzt für sich allein
Nur ein Licht strahlt sie noch an
Warum stets alleine sein
Warum niemals Sekt und Wein
Schaut sie wirklich niemand an

Da bemerkt sie einen Blick
Er ist stark und trifft sie sehr
Und ganz langsam, Stück für Stück,
tanzt sie hin zu jenem Blick
Fühlt dabei sich traurig, schwer

Es ist eine fremde Frau
Ihr Gesicht im Schatten liegt
Doch ihr Blick ist sehr genau
Wer ist jene fremde Frau
Woher hat sie diesen Blick

Als sie näher tanzt und schaut,
staunt sie, denn die Frau vor sich
ist sie selbst, so sehr vertraut
Und sie weint und staunt und schaut
Sieht ihr eigenes Gesicht

Niemand sonst ist wohl zu sehn
Jenseitig von Traum und Show
Ach, sie tanzt so wunderschön
Möcht nicht von der Bühne gehn
Doch die Fremde scheint nicht froh

Da, das Licht verlischt ganz sacht
Und die Schau ist aus, vorbei
Längst ist es nach Mitternacht
Da geht aus das Licht ganz sacht
Aller Tanz scheint einerlei

Regungslos und leichenblass
geht sie von der Bühne schnell
Spürt nicht Trauer oder Spaß
Draußen ist es regennass
Nacht ist es und gar nicht hell

Plötzlich spürt sie es genau:
Tanzen ist ihr größtes Glück
Niemals war ihr Leben grau
Und es lacht die fremde Frau
Leicht tanzt sie zur Show zurück

Am Deich

Der Wind verfängt sich in den Weiden
Zerkräuselt manchen Ufersaum
Ich möchte gehen
Will nicht bleiben
So anders sind die kalten Zeiten
Auf mancher Welle wiegt nur Schaum

Der Schnee vermischt sich mit dem Regen
Verkühlt die Seele mir behänd
Ich ruf um Hilfe
Will den Segen
Und will doch noch so Vieles geben
Doch hinterm Deich mein Nachen brennt

Noch ziehen triste dunkle Wolken
Versperren mir den rechten Weg
Ich fühl mich nicht mehr unbescholten
So vieles scheint nicht abgegolten
So manches Übel lächelt träg

Verschämt zieht Angst durch Herz und Sinne
Nichts scheint mehr richtig oder gut
Fast wie vom Biss der schwarzen Spinne
Verschwimmt mein Traum in Trauer-Minne
Die lässt vom Brand mir nur die Glut

Da lichtet sich der Dunst, der Nebel
Ein letzter Tod
Ein letzter Schrei
Hoch überm Deich schwebt leis ein Segel
Zerbrochen endlich Hass und Säbel
Ich atme Hoffnung
Frisch und frei

Watt

Er ging ins weite Watt hinaus
Der Mond verklärte seinen Blick
Die Nebel zogen um sein Haus
Er wollt nur in das Watt hinaus
Er war so fern, so weit vom Glück

Noch kam die Flut nicht und er lief
Schon sank er ein in den Morast
So vieles ging im Leben schief
Als niemand seinen Namen rief
Er hatte manche Chance verpasst

Die Uhr schlug Mitternacht sodann
Da gab's kein Mensch, der ihn so sah
Einst war er wohl ein froher Mann
Der mal verlor und mal gewann
Der immer zuverlässig war

Und er lief weiter, immerfort
Ins weite Watt, wo's düster ist
An jenem unheilvollen Ort
Da zog er hin
Da zog er fort
Ihn hatte wohl niemand vermisst

Es schwammen Wolken vor den Mond
Ein Regen fiel und Kälte zog
Dort, wo vielleicht manch Unhold thront
Wer fragt danach, was sich noch lohnt
So mancher schreit im Todes-Sog

Die Einsamkeit fror übers Watt
Am Horizont das weite Meer
Er hatte alles Leben satt
Und ging hinaus ins kalte Watt
Nein, es erfreute ihn nichts mehr

Verwaschen seine Spur im Schlick
Das Wasser stieg
Die Flut kam schnell
Da blieb nicht viel vom Wunsch nach Glück
Vielleicht ein Rest der Spur im Schlick
Und dunkel war's, und gar nicht hell

Die Wogen schlugen laut zusamm
Dort, wo er lief, das weite Meer
Und leis, von fern, ein Trauersang
Wohl kam er längst im Jenseits an
Sein altes Haus am Strand ist leer

Glogaulied
(Schlesien im Herzen)

Breite Straßen, gutes Leben
Läden voller Frucht und Glück
Große Zeit und Gottes Segen
Du mein Glogau, du mein Leben
Bist wohl Schlesiens bestes Stück

An der Oder ewig liegen,
Durch den Rosengarten ziehn
Weihnachtsbaum, die schönsten Blüten
Glogau, du mein Garten Eden
Ach, hier ist's so wunderschön

Doch so sollt es nie mehr werden,
Denn der Krieg nahm alles fort
Glück und Garten fieln in Scherben
Gott, warum nur dies Verderben
Glogau ward zum schlimmen Ort

Richtung Westen wir dann zogen,
Aus der Heimat, die so fern
Mussten weg, sind ausgeflogen
Hoch der Oder Schicksalswogen
Nein, wir flohen gar nicht gern

Frierend, mit dem Leiterwagen,
Ging's nun über Stock und Stein
Hungernd, ohne Hemd und Kragen,
Schwiegen wir,
Ganz ohne Klagen
Wollten endlich wieder heim

Auf dem Weg und in den Gräben,
Tief im Wald, da lagen sie:
Ostarbeiter
Nein, kein Segen
Ließen die uns wohl am Leben
Angst und Schmerzen – nachts und früh

Irgendwann gab's ein Schluck Wasser
Und die Sonne brannte heiße
Mein Gesicht ward blass und blasser
Mutter sparte ein Schluck Wasser
Weiter ging die schlimme Reise

Wie die Front schon näher rückte,
Kamen wir ins fremde Land
Stählern mancher Alb da drückte
Todesgleich sich Glogau bückte
Unterm Bomben-Feuerbrand

Nichts ward uns da noch geblieben,
Tief nur die Erinnerung
Hat sich schwer ins Herz geschrieben,
Sich ins Hirn, ins Mark getrieben
Wir sind alt nun, nicht mehr jung

Garnisonsstadt unter Bäumen
Glogau, einst so stolz und schön
Voller Frohsinn, reich an Träumen
Dort am Fluss, den Straßensäumen,
Wollt so gern dich wiedersehn

Doch die Straßen liegen einsam
Meine Heimat gibt's nicht mehr
Ja, wir flohen einst gemeinsam
Jene Heimat, fern und einsam
Und die Hoffnung wiegt so schwer

Ach, es weint mir Herz und Seele
Glogau fließt durch Kopf und Blut
Wenn ich dann die Tage zähle,
Ich mich durch mein Leben quäle,
Brodelt Schwermut und auch Wut

Dieser Krieg bracht so viel Wunden,
Nahm die Heimat mir und dir
Ach, wir weinen Stund um Stunden
Haben Neues zwar gefunden,
Doch die Heimat niemals mehr

Hör noch immer die Sirenen,
Die uns trieben aus der Stadt
So viel Trauer, soviel Tränen,
Will dafür mich niemals schämen,
Weil ich so viel Sehnsucht hab

Neue Menschen können's richten
Glogau lebt noch, ist nicht tot
Dass die Dichter wieder dichten
Lasst die Alten euch berichten,
Wie der Heimat Morgenrot

Heute fahrn wir Richtung Osten,
In die Heimat, Glogau, ach
Schon vorbei am Grenzen-Posten,
Geht's noch einmal Richtung Osten,
Hin zum heimatlichen Dach

Doch die Häuser aller Kindheit
Sind längst fort, sind ausgebrannt
Traurig noch und reich an Blindheit
Such ich nach der fernen Kindheit
Nach dem schönen Schlesienland

Glogau aber fand ich nimmer,
Nur die Oder fließt dahin
Ab und an warnt leis ein Trümmer
Ferner Rosengarten-Schimmer
Fern die Heimat,
Fern manch´ Sinn

Träum vom heimatlichen Lachen
Träum von dem, was nicht mehr da
Streichle Bäume, alte Sachen
In der Heimat blieb mein Lachen
In der Welt, so, wie sie war

Leise zieht ein Wind von Osten
Kündet von der Heimat mir
Zwar sind fort die letzten Posten
Und die alten Panzer rosten
Doch der Krieg ist noch all hier

Sagt es drum den Kindeskindern:
Niemals wieder Hass und Krieg
Wieder Weihnacht in den Wintern
Heimat schlägt in Herz und Kindern
Glogau bleibt mir ewig lieb

Bahnsteig Zwei

Es steht ein Zug auf Bahnsteig Zwei
Auf jenem Bahnhof irgendwo
An diesem Morgen, kurz nach Drei
Ist's düster noch auf Bahnsteig Zwei
Nur eine Frau weint einfach so

Ein Wind verweht sich überm Gleis
Die Frau ist stumm
Ihr Blick scheint starr
Am Bahnsteigdach hängt Schnee und Eis
Sie steht wohl da, weil sie jetzt weiß:
Ihr Leben hier zu einsam war

Fort will sie fahren
Nur weit weg
Dorthin, wo alles anders ist
Sie starrt zum kalten Schienensteg
Und nur ein Wind ganz leise weht
Dort, wo ihr Mann sie nie mehr küsst

Kein Mensch steigt aus
Kein Mensch steigt zu
Der Zug wohl wartet nur auf sie
Sie trägt schön warme Winterschuh
Und übern Bahnsteig schleicht sich Ruh
Es ist noch zeitig in der Früh

Die Reisetasche, braun und voll
Steht auf dem Bahnsteig neben ihr
Hier ist's so still, hier ist's nicht toll
Sie will nur gehen ohne Groll
Da schlägt die Bahnhofsuhr laut:
Vier

Ein Schaffner pfeift
Der Zug rollt an
Die Tür vom Wagen ist noch auf
Wenn sie jetzt flieht
Wo kommt sie an
Bringt sie der Zug zum Glück sodann
Sie steigt die Wagentreppe rauf

Und springt herab
Der Zug fährt fort
Ein Wind nur streicht ganz sacht daher
An diesem unwirklichen Ort
Versiegt manch' Traum und auch manch' Wort
Von fern nur pfeift der Zug recht schwer

Und wieder steht sie schweigend da
Der Schnee fällt leis auf Bahngleis Zwei
Egal, was war, was auch geschah
Ihr wird es plötzlich sonnenklar:
Ein andrer Zug kommt bald vorbei

Schneesturm

Sie fragte ihn:
Wo willst du hin
Erstarrt sah er ihr ins Gesicht
Es hatte wohl auch keinen Sinn
Er wollte fort
Egal
Wohin
Und trübe schien das Kerzenlicht

Er zog sich an,
Lief schnell hinaus
Ein Schneesturm kühlte sein Gesicht
Im Eiswirbel nicht Mann,
Nicht Maus
Es war so kalt,
Ein wahrer Graus
Am kleinen Bahnhof brannte Licht

Auf Bahnsteig Drei
Stand noch ein Zug
Der Schnee verwirbelte die Zeit
Ein Alptraum
Oder
Selbstbetrug
Vom Alltag hatte er genug
Für eine Nacht
Vom Zwang befreit

Ein junger Mann mit schwarzem Schal
Kam auf ihn zu,
Umarmte ihn
Sie sahen sich das erste Mal
Und küssten sich ganz ohne
Qual
Und plötzlich machte alles Sinn

Vom Schneegestöber eingehüllt
Da liebten sie sich
Heftig, heiß
Manch´ ferner Traum schien da erfüllt
Ein Liebesbrief
Im Schnee zerknüllt
Die Liebe schmolz die Nacht,
Das Eis

Bleibst du bei mir – so fragte er
Der andere Mann blieb still und
Schwieg
Noch einen Kuss,
Der leicht und
Schwer
Dann war der Bahnsteig menschenleer
Und niemand aus dem Zug mehr stieg

Der Schneesturm fauchte dumm und
Klug
Der Zug fuhr ab
Ins Nirgendwo
War alles nur ein Selbstbetrug
Wenn man vom Alltag hat genug
Gibt's Leben nur im
Anderswo

Er schlug den Kragen hoch und ging
Ihm war so kalt
Auf Bahnsteig Drei
Der Schneesturm sich im Nichts verfing
Ein bisschen Liebe nur,
Ein Sinn
So vieles scheint oft
Einerlei

Noch einmal drehte er sich um
Da war kein Zug,
Kein Mann,
Kein Kuss
Die Flocken wirbelten recht krumm
Er lief nach Hause
Lächelnd,
Stumm
Weil das so ist
Weil man's so
Muss

Eine Frau

Wieder mal den Weg zum Amte
Stolpert sie so gegen Sechs
Noch ist sie die *Unbekannte*
Stolpert schnell den Weg zum Amte
Das liegt vor ihr links
Dann rechts

Brötchen, Kaffee, diesen lauen
Ein Gespräch kurz auf dem Gang
In die Unterlagen schauen
Wie viel werden sich heut trauen
Und die Zeit scheint ewig lang

Auf dem Stuhl, dem harten, kalten
Nimmt sie Platz, schaut hin und her
Menschen muss sie hier verwalten
Jenen Tag mit Sinn gestalten
Und manch Schicksal wiegt so schwer

Schon kommt rein der erste Kunde
Der sucht Arbeit
Oder nicht
Ziellos starrt er in die Runde
In der Seel klafft ihm ´ne Wunde
Angst sitzt tief ihm im Gesicht

Wut und Hoffnung muss sie kennen
Manchmal Härte auch
Und Mut
Nein, es bleibt kaum Zeit zum Flennen
Manchmal nachts ist Zeit zum Pennen
Oftmals glüht noch Arbeitswut

Ja, sie weiß, man liebt sie selten
An dem Ort, wo gar nichts gleich
Jenes Amt der tausend Welten
Wo manch´ Regeln kaum noch gelten
Hier wird niemand wirklich reich

Wenn die Kunden dann gegangen
Ordnet sie den Aktenberg
Hier, wo manches unverstanden
Wo sich niemals Menschen fanden
Schaut sie plötzlich recht verklärt

Packt die Tasche und hält inne
Ob sich das mal ändern wird
An der Decke eine Spinne
Leis tropft Regen aus der Rinne
Alles scheint total verkehrt

Sollt sie wirklich einsam bleiben
Haus und Auto
All dies Zeug
Kommen auch mal bessre Zeiten
Ohne Klar- und Ebenheiten
Ohne künstlich-glatter Freud

Doch dann wischt sie sich die Augen
Aus der Haut kommt sie nicht raus
Dieser Traum vom Meer, dem blauen
Schon versunken
Kaum zu glauben
Schnell trinkt sie den Kaffee aus

Stumm nimmt sie vom Eisenhaken
Ihren Mantel, ihren Schal
Zwischen Mondlicht, Mücken, Schnaken
Wird sie durch den Regen waten
Morgen früh
Und wieder mal

Das Stückchen Leben

Das Stückchen zwischen Nacht und Tag
Das Bisschen zwischen Schwarz und Hell
Ein Stückchen Leben
Das man hat
Die Zeit läuft oft zu sinnlos ab
Und ist vorbei doch viel zu schnell

Das Stückchen Leben nimmt man hin
Man denkt nie lang darüber nach
Man gibt ihm viel zu wenig Sinn
Es kommt
Es bleibt
Es rinnt dahin
Dann ist es fort
Mit Weh und Ach

Dies bisschen Leben ist nicht viel
Ein Wimpernschlag
Ein Atemzug
Es ist mal ernst
Mal nur ein Spiel
Man kennt nicht Start und auch nicht Ziel
Oft bleibt ein leerer Wasserkrug

Ein Stückchen Leben ist ein Hauch
Im Universum sieht man's nicht
Doch sind's Millionen Träume auch
Milliarden Tränen
Manch ein Brauch
Ein Ozean aus Hoffnung
Licht

Dies Stückchen zwischen Jetzt und Dann
Das nennt sich Leben
Das sind wir
Als Mensch geboren
Frau und Mann
Geblieben ewig Kind sodann
Ein Augenblick
Ein Leben
Hier

Abschied

So gerne würd ich mit Euch träumen
Nochmal spazieren durch den Park
Und liegen unter Mandelbäumen
Und nichts vom Leben je versäumen
Mit Euch gestalten
Jeden Tag

Würd gern mit Euch nochmal verreisen
Und Fotos machen
Ach
So viel
Und Mamas Lieder hörn
Die leisen
Wenn Züge klappern auf den Gleisen
So wie als Kind
Als alles Spiel

Noch einmal möcht ich mit Euch reden
Und lachen
Weinen
Alles halt
Ich wünscht, Ihr kämt zurück ins Leben
Jetzt sitz ich hier
Und kann nur beten
Und jeder Tag ist schlimm
Und kalt

Mit frischen Blumen komm ich wieder
Zu Eurem Grab
Und bleibe lang
Ich hör von fern´ die alten Lieder
Da ist kein Trost im letzten Flieder
Da ists in Herz und Seele
Bang

Beim Mond

Am Waldesrand steh ich so gern
Schau hoch hinauf zu all den Stern
Die sind so weit entfernt und klein
Ich würde gern bei ihnen sein

Doch sind sie viel zu weit entfernt
So wie die Sonne, die mich wärmt
Und meine Träume tragen mich
Durchs ferne All
Gar wunderlich

So nah dagegen scheint der Mond
Der über allen Wäldern thront
Er ist so hell und warm und rund
Ich schau ihn an zur Abendstund

In seinem Licht fühl ich mich gut
Da schöpf ich Kraft und neuen Mut
Er spricht zu mir
Auch wenn er schweigt
Bei ihm vergeht nicht Stund, nicht Zeit

Erzähl von meinen Sorgen ihm
Frag oft ihn nach dem Lebenssinn
Manchmal, wenn einsam ich,
Allein
Dann will ich gern bei ihm nur sein

Er gibt mir Trost
Er gibt mir Halt
An jenem Rand vom dunklen Wald
Wenn sich bei Tag oft nicht viel lohnt
Geh ich des Nachts zu ihm,
Zum Mond

Ist eine Wolk vor ihm mal schwer
Weiß ich, dahinter wartet er
Ist er auch weit
Ist er auch fern
Ich brauch ihn sehr
Ich hab ihn gern

Am Waldesrand tief in der Nacht
Bin ich bei meinem Mond auf Wacht
Wir zwei sind Freunde ewiglich
Ja, das sind wir:
Der Mond und ich

Was bleibt

Nach all dem Leben
Was bleibt da noch
Nach dem Nehmen
Geben
Nach dem endlos weiten
Streben
Nach den vielen
Seelenbeben
Sag es mir:
Was bleibt uns noch

Nach all den Träumen
Was bleibt da noch
Nach den dutzend
Blöden Freuden
Nach dem
Viel zu viel Versäumen
Nach dem
Allzu viel Vergeuden
Sag mir jetzt:
Was bleibt uns noch

Nach all den Kriegen
Was bleibt uns noch
Nach den vielen dummen Lieben
Nach dem Gehen
Dem Versiegen
Nach dem
Plötzlich wieder kriegen
Sag mir doch:
Was bleibt da noch

Nach all dem Leben
Was bleibt uns noch
Nach allem Blinzeln, Hoffen, Sehen
Nach dem
Niemals mehr Verstehen
Nach dem letzten Winken
Gehen
Weißt du nicht
Was bleibt da noch

Hoffnung

Hoffnung auf ein Lebenszeichen
Wünsch ich mir
Geht es dir gut
Dass wir uns die Hände reichen
Dass wir allem Bösen weichen
Weil uns eint das gleiche Blut

Lass mich Deine Augen küssen
Deine Hände
Deinen Mund
Will Dich niemals mehr vermissen
Will Dich aus der Ferne grüßen
Hoffe, Du wirst bald gesund

Ach, mir fehlt Dein Wort,
Dein Lachen
Ja, mir fehlst ganz einfach Du
Ohne Dich kann ich nichts machen
Werd vor Deinem Foto wachen
Finde ohne Dich kaum Ruh

Hoffnung auf Dein Lebenszeichen
Komm bald wieder her zu mir
Wind verfängt sich in den Eichen
Dort, wo sich die Seelen gleichen
Wärst Du nur schon balde hier

Heimkehr

Er sagte nur:
Komm, es ist gut
Und ich war da
An jenem Ort
Er sagte es
Das machte Mut
Ich fühlte nichts
Nur kaltes Blut
Und hatte kaum ein kluges
Wort

Ich schimpfte bald
Auf ihn
Auf mich
Und war so weit
Ganz weit vom Glück
Es trieb mich fort
Ganz sicherlich
In jene Welt
Die fürchterlich
Vom Leben
Ach
Wollt ich ein
Stück

Ich kam zurück
Mit Narben
Ja
Und ging zu ihm
Mit schwerem Blut
Er war nicht fort
Er war noch da
Er sprach erst nichts
Als er mich sah
Und dann sprach er
Komm, es ist gut

Gottes Wort

Lass die Menschen lieben
Leben
Geh den Weg
Der zu Dir passt
Kannst noch so viel Menschsein
Geben
Musst nur wieder lernen
Leben
Glaub, Du hast noch nichts verpasst

Lass die alten Sorgen
Sorgen
Nutz die Hoffnung tief in Dir
Schau nach vorn
Da pulst das Morgen
Bist als Mensch ganz neu geboren
Lass das Gestern
Lass den Zorn

Hör nur auf des Herzens Worte
Dann kennst Du den rechten Weg
Such nach Deinem guten
Orte
Manchmal hörst Du
Gottes Worte
Denk nicht so viel nach
Und
Leb